I0843184